L'ALGÉRIE

ET

LA PRUSSE

DU MÊME AUTEUR:

L'ASSIMILATION

ET LA

RECONSTITUTION DU MINISTÈRE DE L'ALGÉRIE

Brochure grand in-8°.

Paris. — Typ. Balitout, Questroy et Cⁱᵉ, 7, rue Baillif.

L'ALGÉRIE

ET

LA PRUSSE

PAR

CHARLES STRAUSS

AVOCAT A LA COUR DE PARIS

« Je ne veux pas d'une Prusse au Midi. »
Général CAVAIGNAC.

« *Pessimum amicorum genus laudantes.* »
TACITE.

PARIS

E. DENTU, LIBRAIRE-ÉDITEUR
Palais-Royal, 17-19, Galerie d'Orléans

1874

INTRODUCTION

Nous avons exposé dans notre rapide étude sur l'Assimilation et la Reconstitution du Ministère de l'Algérie, une sorte de vue d'ensemble, de plan général, dans lequel, pour ne pas en étendre le cadre, nous avons dû forcément resserrer notre sujet, sans pourtant négliger aucune des questions qui se rattachent à l'Algérie.

Nous voulions avant tout nous borner à donner des aperçus généraux, obéissant à la détermination qui nous était dictée, par le désir de présenter notre défense de l'Algérie sous le volume le plus mince et de nous faire lire au delà du titre.

Nous tenions à montrer ce qu'est cette Algérie, ce qu'elle vaut, l'immense parti qu'en pouvait tirer, au profit de la fortune publique, un gouvernement véritablement soucieux de la haute mission qu'il a dans le présent de sauvegarder l'avenir.

Nous avions à cœur de représenter sous son vrai jour, cette vaillante phalange de colons français; nous tenions également à donner quelque idée de cette société musulmane dont on ne sait rien en France; nous avons voulu parler aussi de ces nouveaux Français, les Israélites indigènes, si fiers du titre qui en fait des citoyens.

C'eût été omettre un des éléments les plus actifs de notre colonisation, que de ne point rendre hommage aux étrangers d'Europe qui par leur industrie, leur travail, leur énergie sur ce sol où ils ont eu à lutter contre les mêmes difficultés que nous, ajoutent à la richesse nationale.

Nous espérons donc n'avoir laissé dans l'ombre aucun des replis de ce grave problème de la colonisation, comme nous espérons n'avoir négligé aucun des points principaux, de cette imposante question, véritables pivots autour desquels viennent se mouvoir toutes les questions d'un ordre secondaire se rattachant à la réorganisation de l'Algérie.

Nous avons dû, qu'il nous soit permis d'employer cette figure, procéder en quelque sorte à la présentation des hommes et des choses de l'Algérie devant la France, comme nous avons dû inventorier ses ressources en les exposant scrupuleusement à l'attention des économistes.

Dans ce tableau panoramique, nous avons montré les hommes énergiques et désigné les institutions viciées, les forces inactives et les richesses improductives.

Ce travail est notre première étape dans la voie que nous nous sommes promis de suivre ; il nous impose un devoir dont l'obligation est la conséquence de nos assertions. Nous avons dit ! nous allons prouver !

Nous allons prouver comment il serait possible à la France, de mettre à profit l'énergie des hommes, et de combattre les vices des institutions, de mettre les forces en mouvement et d'utiliser les richesses.

Notre programme est renfermé dans un mot : Colonisation. C'est le magique « Sésame, ouvre-toi ! » de ce sol aux entrailles inépuisables ; mais pour qu'il ne reste pas qu'un mot, pour qu'il nous soit permis d'ambitionner la réalisation de ce qu'il renferme, et là est le salut, il ne faut pas se contenter d'effleurer la question, il faut la trancher.

Le système est vicié, il faut détruire le système, l'essai a été assez malheureux, et la preuve est faite.

La condamnation du gouvernement général en est l'unique solution, et pour trancher ce nœud qui nous enserre chaque jour plus étroitement, il n'est qu'un moyen : l'épée d'Alexandre. Avec ce vieux tronc creux; véritable arbre de Noël recouvert de papier doré, tomberont les innombrables et inextricables rameaux, qui ont sucé à leur tour la sève dont il a tout d'abord épuisé l'Algérie.

Oh! nous savons à quelles clameurs nous expose ce langage. A ces vœux impies les prédicants, la parole enfarinée de libéralisme, dont l'intérêt est commun avec celui des bons apôtres du gouvernement général, vont détourner la face, et les uns et les autres, nous montreront comme un sacrilége, portant une main profane sur l'arche sainte.

Nous passons sans nous laisser émouvoir par ces litanies entonnées d'une voix de fausset, il nous importe peu d'entendre psalmodier ces louanges notées sur le mode persan; nous marchons sans crainte comme sans mérite, car le droit et la raison sont notre force et nous enseignent que notre chemin est le chemin de la vérité.

Hélas! nous n'en tirons point orgueil! mais déjà plus d'une de nos appréhensions s'est trouvée justifiée par les faits. Et nos premières pages datent à peine de quelques mois! Nous ne pensions pas que les événements donneraient sitôt raison à nos prévisions! Ainsi, en même temps que nous indiquions les mesures urgentes à prendre à l'égard de la Tunisie et du Maroc, nous disions les motifs qui nous inspiraient; et tout récemment la presse algérienne avisait l'autorité de la présence d'émissaires prussiens à Fez et sur les divers points de la côte. Dans la régence de Tunis ce sont d'inoffensifs savants *en us* qui se livrent à des recherches... archéologiques. Il est bien décourageant d'en être réduit à démontrer la vérité, et c'est pourtant la mission que nous impose l'aveuglement de ceux qui ont charge d'âmes, de ceux auxquels incombe la lourde responsabilité de la sécurité du pays, car c'est en réalité la démonstration de l'évidence que nous entreprenons.

Nous espérons que les fanatiques partisans de la vice-royauté algérienne, comme les fougueux chantres des palinodies, reconnaîtront un jour que, loin d'avoir renversé les vases sacrés et porté des mains osées sur les saints autels, nous n'avons jamais combattu que de banales et dispendieuses inutilités. Nous sera-t-il tenu compte de cet aveu qui amoindrit singulièrement notre rôle? Nous n'en avons point souci, nous ne cherchons pas un succès personnel et nous ne formons qu'un souhait, c'est d'être dépassé dans l'œuvre que nous poursuivons et d'entendre la défense de la cause algérienne par des voix plus autorisées; nous serons le premier à applaudir, c'est le vœu de notre cœur.

L'ALGÉRIE

ET

LA PRUSSE

ESSAI SUR LA RÉORGANISATION DE L'ALGÉRIE

Nous savons que c'est une des faiblesses de notre caractère de nous laisser aisément éblouir et satisfaire par les éclats du présent, factices ou non, ils brillent et c'est le brillant qui nous charme, qui nous séduit et qui nous entraîne.

C'est cette malheureuse tendance à l'enthousiasme des yeux, vers laquelle nous inclinons si volontiers, qui est pourtant une des causes les plus communes des maux petits et grands que nous attirons sur nous; et si nous nous arrêtons à ce travers, c'est que nous voulons nous efforcer de détruire sa funeste influence dans la question qui nous préoccupe. Nous allons nous expliquer. Nous voulons dans la campagne que nous entreprenons, nous trouver en rangs serrés et unis, et c'est pourquoi nous devons faire appel non-seulement aux Algériens de l'Algérie mais aux *Algériens d'Alger,* et c'est pour éviter toute équivoque que nous demandons à leur soumettre quelques explications.

Nous avons demandé pour l'Algérie une réorganisation complète, nous y voulons des départements placés dans des conditions analogues à celles des départements français; nous y voulons des préfets qui soient des préfets et non des agents subalternes d'un gouverneur, et disons le mot, nous n'y voulons plus de la suzeraineté d'Alger, c'était déjà odieux du temps des Deys, et, hélas! il faut le reconnaître, si la Régence est tombée, le vice-roi est debout!... Nous voulons aller au-devant de toutes les objections : « Quoi! s'écrie-
» ront quelques voix isolées, l'Algérie divisée en vrais
» départements ayant de réelles prérogatives, et ces
» départements relevant directement d'un ministère
» spécial, mais c'est la ruine, l'amoindrissement, l'ef-
» facement d'Alger! d'Alger la capitale! »

Il nous est pénible, nous en faisons l'aveu, de dire que nous craignons que cette réflexion ait traversé plus d'un esprit.

Ah! nous ne le cachons pas, penser ainsi ce serait ramener aux mesquines proportions d'une rivalité de clocher, cette grande question de la colonisation, ce serait aussi indigne du sujet que ce serait indigne des partisans d'une pareille idée, si toutefois il peut en exister.

Et s'il en existe, qu'il nous soit permis de revenir à ces scintillements de l'heure présente qu'il suffit de faire miroiter à certains esprits, pour leur faire oublier les obscurités de l'heure d'après.

C'est avec ces feux d'artifice qu'on conduit une nation à la ruine et au massacre; c'est avec cette orchestration rappelant l'orgue de Fualdès qu'on fait prendre des applaudissements réglés comme un ballet, pour des frémissements d'enthousiasme.

Serons-nous donc les éternelles victimes de ces moyens grossiers.

Ce n'est pas par pure fantaisie que nous faisons ces allusions, car nous avons le pressentiment du rôle funeste que joue là encore cette fatale influence de l'optique.

Et pour combattre cette influence, nous dirons sans hésitation : Non, les Algériens n'ont point de raison pour se sentir froissés ou menacés dans les sentiments d'affection si légitime qui les rattachent à leur merveilleuse cité. Ce serait placer la raison au-dessous des petites passions; ce serait faire de la haute et grave question de colonisation, une étroite et banale question locale ; ce serait sacrifier l'Algérie à Alger pour la vaine et stérile satisfaction d'une dispendieuse mise en scène.

Et penserait-on en réalité que c'est toucher aux vieilles prérogatives d'Alger que de la placer au rang d'un chef-lieu.

Et Lyon, Marseille, Bordeaux, Lille, ces magnifiques et splendides cités dont la France s'énorgueillit, que sont-elles ? si ce n'est de simples chefs-lieux.

Placerait-on pour Alger, dans ce titre de capitale, toutes ses garanties de propérité, toute sa grandeur, toute sa force ? Croirait-on qu'en faire un chef-lieu, qu'en la plaçant sur un pied d'égalité administrative avec les autres grandes villes de l'Algérie, ce serait briser sa couronne murale, et descendrait-on à travestir une grande et généreuse pensée d'intérêt général, un vœu tout patriotique et national, en piètre question d'intérêt privé ?

Ce serait là une bien lourde faute, une erreur funeste et ce serait, en vérité, prendre le mot pour la chose, confondre grossièrement l'ombre avec la proie, car, en nous plaçant même au point de vue étroit de l'intérêt particulier, en faisant de l'égoïsme pur, nous pouvons affirmer que l'adoption de notre système serait encore tout profit pour Alger, et en effet ce qu'Alger perdrait en clinquant artificiel, elle le gagnerait en bons et solides avantages.

Son cortége de fonctionnaires sans administrés ferait place à plus de colons; nous ne perdrions pas au change.

Avec les lois, avec la sécurité qui en découle, avec les grands établissements que nous réclamons, Alger, loin de rien perdre de son caractère de ville de luxe, de station balnéaire, verra s'ajouter à son luxe apparent toutes les richesses vraies d'une cité prospère.

Son port deviendra un port important, et au lieu de quelques rares navires égarés, de nombreux paquebots viendront y mouiller en lignes serrées.

La ville officielle deviendra une ville d'affaires, et n'en restera pas moins la cité privilégiée des étrangers qui viennent rechercher les clémences de son ciel.

A ce clinquant dont nous parlions, à cette stérile agitation amenée par cette nuée de fonctionnaires inactifs et chamarés, à ce mouvement factice de la régulière entrée des bureaux, et de la sortie plus régulière encore, à cette cadence du balancier administratif qui rappelle d'une façon désespérante le bruit monotone d'un coucou de bureau; à ces *allées et venues* sans but, à cette fausse agitation, à tous ces signes enfin, à travers tout ce faux bruit, on devine le vide, on sent la gêne et on entend les doléances du petit commerce, dont personne ne discutera la situation précaire, malgré le voisinage des splendeurs du Versailles de Mustapha. Mais, si nous voulions marcher vers un même but, si nous voulions effacer le moi et obéir à un principe, au lieu d'égarer nos efforts, à ce pompeux décor, qui n'est qu'un décor, ne tarderaient pas à succéder l'éclat de bon aloi, l'animation réelle, le mouvement vrai, qui sont les signes indiscutables de la reprise des affaires, du retour du travail, de l'extension des relations commerciales, de la résurrection du crédit; et, dans un temps relativement rapproché, l'Algérie prendrait un nouvel essor, et bientôt luirait l'aurore de notre renaissance; cette perspective serait, personne n'en disconviendra, préférable à l'éclat des broderies, à la variété desquelles nous nous plaisons à rendre justice.

Nous devions cette explication au sujet de la situation nouvelle faite à Alger par notre projet; elle nous était imposée autant par un sentiment de convenance, que par le désir d'éviter l'interprétation fâcheuse que certaines âmes généreuses seraient heureuses de pouvoir donner à notre plan de réorganisation.

Ceci dit, pour éviter tout malentendu, nous allons revenir successivement sur les différentes réformes que nous avons signalées comme étant d'utilité publique, et que nous pouvons affirmer être d'utilité nationale!

Nous avons dit que notre programme pouvait se résumer par un mot : Colonisation! Ah! il ne faudrait pas se méprendre sur sa signification, et faire l'interprétation étroite de ce mot. Par colonisation, nous n'entendons pas seulement l'acception proprement dite de ce terme. Multiplier les bras, encourager les capitaux, donner de l'extension aux exploitations agricoles, seconder l'élan à imprimer à l'industrie, à l'agriculture, il y a certainement là une grande œuvre digne d'une grande nation ; il y a là des résultats féconds dont l'initiative est digne d'un grand peuple ; il y a dans cette vaste entreprise nationale de quoi répondre aux plus nobles ambitions; mais il y a plus encore que tout cela! Derrière cette question de colonisation, à laquelle les événements désastreux de 1870 et de 1871 ont donné une importance majeure ; derrière cette question de colonisation qui, prise en elle-même devient de principale accessoire, s'élève une autre question bien autrement importante, bien autrement grave, bien autrement urgente, c'est la question d'être ou de ne pas être ; c'est la prépondérance ébranlée de la France à rétablir, c'est la puissance de la France à reconquérir, et c'est plus encore, c'est l'intégrité de son territoire à sauvegarder!

Qu'on y prenne garde, c'est dans l'Algérie qu'est le salut, parce que c'est dans l'Algérie qu'est le danger.

C'est en faisant de l'Algérie un pays fort et peuplé, que la France n'aura plus dans l'Algérie son talon d'Achille, le côté vulnérable par lequel ses ennemis pourraient bien la frapper.

Avons-nous besoin d'être plus précis ? Est-il nécessaire de dire quelle est l'importance que nous devons attacher à notre domination sur la Méditerranée ? est-il bien utile d'ajouter qu'en y conservant intacte notre influence, nous éviterons les dangers qui nous menacent ; que notre pavillon sur cette mer doit flotter plus haut que tout autre pavillon ; que la docilité de l'Italie aux injonctions d'outre-Rhin, que l'infériorité politique de l'Espagne nous commandent d'être prudents et prévoyants. Toutes les leçons seraient-elles perdues pour nous ? Ignore-t-on que, par sa situation exceptionnelle, entourée des États qui peuplent ses rives, la Méditerranée est appelée à voir se dérouler les événements touchant de la manière la plus intime, à la politique européenne ?

Et pourquoi ne pas dire notre pensée tout entière ? Pourquoi ne pas désigner du doigt cette convoitise, qui est le fond de la politique du Nord tout imprégnée de la gloutonnerie allemande? Le succès, faux ou vrai, aveugle et rend insatiable. Un petit royaume effacé est devenu un grand empire ; l'appétit de son souverain est-il assouvi ? Non ! Aux frontières insolentes dont on a enfoncé les bornes au cœur de la France, il reste autre chose à ajouter. C'est une mer qui devient indispensable, afin d'y promener une flotte triomphante.

Dans quelle onde ses mâts pavoisés pourraient-ils mieux se mirer que sur les flots bleus de cette Méditerranée ! C'est de l'idylle pure, mais on est positif dans le pays des philosophes, on sait y joindre l'idylle à l'utile, et l'utile c'est un quartier de roc juste assez grand pour y sceller l'anneau d'une amarre ; c'est sur ce « lac français » un point de débarquement qu'on présentera d'abord sous les apparences d'un pacifique comptoir ; puis l'établissement commercial ne tardera pas à demander la protection d'un port militaire, le but sera atteint ! Et nous apprendrons à nos dépens quelle est la puissance d'influence qu'on peut tirer d'un établissement maritime, puissance que nous avons méconnue puisque nous n'avons su tirer aucun parti de notre conquête. Et l'utile alors sera la perspective de l'alliance forcée de la Russie et de l'Italie, avec la domination de l'Espagne qui se fait humble, avec l'insignifiance de la Turquie toujours prête à subir le sort de la Pologne, avec l'effacement politique de cette autre puissance qui a pris pour devise l'égoïste et stupide, « laissez passer, laissez faire, » et qui, semblable à la sentinelle légendaire monte sa faction jusqu'au jour où elle n'aura plus que sa morgue à garder.

A côté de ces faits s'en ajouteront d'autres, qui en seront les accessoires obligatoires, le vasselage de la Tunisie, le vasselage du Maroc; si ces puissances, toutefois, résistent aux tressaillements de cette politique destructive, dont nous ne faisons rien, non-seulement pour entraver l'action fatale, mais aux éventualités de laquelle nous ne parons par aucune précaution.

Encore une fois qu'on y prenne garde, cette alliance qui est une menace pour l'Europe fait chaque jour un pas.

De laquelle de ces puissances, qui se disputent à l'avance les parts léonines, l'Egypte deviendra-t-elle la tributaire? De quel prince en docile pupille la Grèce se laissera-t-elle doter?

En fortifiant l'Algérie, nous fortifions la France. Devant les attristantes prévisions que nous ne cherchons pas dans notre esprit, mais que les événements tendent à justifier, tout nous dit qu'en fortifiant l'Algérie nous fortifions non-seulement la France, mais que nous travaillons à la consolidation de la paix européenne qui est la paix du monde.

Ce sont de véritables travaux de défense qui défient toutes les forces, c'est le système de défense digne d'un grand peuple, que celui qui se base sur les institutions à l'ombre desquelles grandissent les nations ; et, qu'on en soit bien convaincu, l'industrie, l'agriculture, filles d'un État libre, font un État puissant. Soyons jaloux de ce grand rôle dans l'histoire de l'humanité, laissons aux autres les progrès de la pyrotechnie et sachons garder ceux qui sont l'apanage d'un peuple civilisateur.

Dédaignons les hordes qui se traînent à l'arrière-garde, et si loin, qu'elles ne sauraient être confondues avec les combattants qui luttent en tête.

Les succès dus à la force n'exercent qu'une action fugitive sur les destinées des États.

Enserrons les deux rives de la Méditerranée entre deux Frances, faisons de l'Algérie une France habitée, et nous ne tarderons pas à recueillir les fruits de cette œuvre généreuse et civilisatrice.

Pour atteindre ce but, il faut entrer franchement, la loi à la main, dans la voie des réformes, il faut se mettre avec ardeur à l'entreprise, et ne pas oublier que défendre l'Algérie, c'est défendre la France.

Le travail que nous nous sommes assigné n'est pas exempt d'embarras ; nous pensons avoir suffisamment démontré que l'Algérie devait être arrachée au régime qui en stérilise les richesses ; nous pensons avoir démontré surtout la nécessité impérieuse qui imposait à notre politique l'obligation de mettre fin à la tutelle à laquelle nous avons trop longtemps condamné notre conquête.

Nous avons cru devoir insister sur l'obligation, qui était dictée au gouvernement, de s'occuper directement de cette Algérie, et de révoquer enfin cette procuration générale consentie au détriment du pays, qui place la France, aux yeux clairvoyants de l'étranger, dans la situation d'un grand seigneur dédaigneux de veiller lui-même à ses affaires, et négligeant le meilleur de son patrimoine; mais une autre tâche s'impose à nous, c'est de donner les moyens d'arriver au résultat que nous ambitionnons, et c'est là que commence pour nous un sérieux embarras.

Après quelques hésitations, nous nous sommes décidé pour le système le plus simple et aussi le plus concis, c'est par titres et articles que nous exposons nos projets, et, quoique bien éloigné par goût et par aptitude de ce mode, nous sommes obligé de nous y résigner, afin d'être clair et positif. Tout pourtant nous disposait à le rejeter, car nous ne visons pas à une œuvre de législation, nous sentons nos forces bien au-dessous d'une pareille tâche, et, de plus, nous sentons fort bien qu'autant sont respectables des textes de lois émanant d'une Assemblée compétente, autant ces textes émanant d'une individualité sans mandat comme sans autorité ont quelque chose de naïf et de puéril.

Pourtant, nous ne voyons d'autre issue à l'accomplissement de notre tâche, c'est cette certitude qui nous fait sacrifier nos répugnances, à la satisfaction du devoir rempli.

Pour procéder avec méthode, c'est par la reconstitution du ministère de l'Algérie dont il convient de tracer l'organisation et de limiter les attributions.

Son organisation repose sur le mécanisme le plus simple, et toutes les modifications qui suivront se ressentiront de cette simplicité.

Quelque puriste pourrait bien nous taxer d'irrévérence, et nous adresser ses reproches, sur l'absence de tous scrupules, à l'endroit du respect de la méthode analytique dont nous ne semblons pas nous être montré très soucieux; il pourrait aussi nous être objecté que la rédaction législative ayant des règles inflexibles, il eut été bon de s'en souvenir et de se plier davantage à ses exigences; ainsi, il n'aurait pas été hors de propos, pourrait-on ajouter encore, de subdiviser certains titres en chapitres, en sections même, et en un mot de ne point trop s'éloigner de la forme. A ces critiques que nous pressentions quelque peu, notre réponse est prête.

« Le temps nous presse. » Nous avons donc dû jeter à la hâte les points fondamentaux de notre projet, n'ayant d'autre ambition que de tracer en quelque sorte une piste que nous livrons en toute liberté à tous.

TITRE PREMIER

CONSTITUTION DU MINISTÈRE DE L'ALGÉRIE.

ARTICLE 1er. — Il est créé un Ministère de l'Algérie.

ART. 2. — Le Ministère de l'Algérie a son siége à Paris.

ART. 3. — Le Ministre de l'Algérie est nommé par le chef du pouvoir exécutif et choisi dans le sein de l'Assemblée nationale.

TITRE DEUXIÈME

ORGANISATION.

ART. 4. — Il est créé un Comité général du ministère de l'Algérie.

ART. 5. — Les membres de ce Comité ont droit d'initiative, ils ont également voix délibérative.

ART. 6.— Le Comité se compose : 1° De conseillers nommés par le chef de l'État, sur la proposition du Ministre de l'Algérie ; 2° De conseillers généraux rapporteurs, délégués par chaque département de l'Algérie.

ART. 7. — Les conseillers nommés par l'État seront égaux en nombre aux conseillers délégués.

ART. 8. — Chaque département déléguera un conseiller choisi à l'élection par ses collègues et à la majorité absolue.

ART. 9. — Cette élection aura lieu en présence du Préfet, qui en donnera notification au Ministre de l'Algérie.

ART. 10. — Le Comité général sera présidé par le Ministre, il aura en cas de partage voix prépondérante.

ART. 11. — En cas d'absence du Ministre de l'Algérie, la présidence du comité sera déléguée par le Chef du Pouvoir exécutif au Ministre des travaux publics et à défaut à l'un des Ministres présents.

ART. 12. — Les sessions du comité auront lieu deux fois par an à des époques déterminées par décret spécial ; elles n'excéderont pas un mois, à moins de disposition extraordinaire, et sur la proposition, au cours ordinaire des sessions, de la commission de permanence dont il est ci-après parlé ; les procès-verbaux des séances du Comité seront publiés.

Art. 13. — Dans l'intervalle des sessions, une commission de permanence expédiera les affaires urgentes.

Art. 14. — Cette commission se composera de cinq membres, dont deux au moins et trois au plus, choisis parmi les conseillers généraux, les conseillers nommés par l'État compléteront le nombre fixé.

Art. 15. — Tous les membres de cette commission seront nommés à l'élection, et à la majorité absolue.

Art. 16. — La commission de permanence sera présidée par un de ses membres délégué par le Ministre.

Art. 17. — Le mandat de député est incompatible avec les fonctions de Rapporteur délégué du Conseil général. De plus, aucun membre du Conseil général ne pourra se présenter aux élections de l'Assemblée législative avant l'expiration d'un délai de six mois entre la cessation de ses fonctions et sa candidature.

On concevra sans peine les raisons qui nous ont dicté l'adaptation du mode de développement de ce système ; cette forme toute législative qui a le mérite de la concision et de la précision, nous facilitera notre travail. Elle nous permet, au fur et à mesure de la rédaction des articles issus de notre projet, de justifier, par un très court exposé des motifs, la nécessité des mesures que nous indiquons, et, pour la clarté de ces débats, nous reprendrons notre exposé à la suite d'un ou de plusieurs titres.

Nous ne faisons donc que nous conformer à notre méthode, en traitant tout d'abord de la formation du ministère de l'Algérie.

L'évidence ne se prouve pas, et cependant il y a dans la création de ce ministère une nécessité évidente dont les adversaires de ce projet nous imposent l'obligation de la démonstration.

Il semble qu'il suffirait de jeter un coup d'œil sur le passé et sur le présent de l'Agérie, pour établir irréfragablement l'inefficacité du mode de gouvernement auquel elle a été soumise, pour qu'on ait hâte de faire rentrer ce pays dans le droit commun, au lieu de le mettre en quelque sorte hors la loi.

En confiant la haute direction de l'Algérie à un fonctionnaire placé au sommet des degrés de la hiérarchie administrative, c'est arracher l'Algérie à l'insuffisance, à l'ignorance et aux violences qui sont les fruits naturels d'une autorité improvisée; c'est la placer sous la sauvegarde de la loi. C'était, certes, nous nous plaisons du moins à le croire, la même pensée de justice que semblait recéler le décret du 1ᵉʳ juillet 1858; malheureusement, l'idée de l'assimilation si claire, si précise en elle-même, était voilée de pensées confuses, et ce premier pas du pouvoir dans la voie des saines réformes si vainement souhaitées jusque-là, est resté le seul; le mouvement de recul ne se fit pas attendre. Ce décret, qui donnait naissance aux plus légitimes espérances, fut, hélas! bien illusoire. Cette mesure, qui donnait l'assurance d'une réforme, fut une déception. L'intention avait le caractère d'une mesure de bonne politique, mais la

confiance qu'elle inspira fut de courte durée ; les ennemis de la colonisation ne tardèrent pas à renaître à
toutes leurs espérances, et cette campagne ouverte
avec fracas contre l'illibéralité d'un régime d'exception, subit bientôt le sort de tant de grosses entre-
prises, elle eut sa paix de Villafranca, sans compter
une victoire. Quoi de surprenant à ce triste résultat,
c'était là une fin naturelle et attendue ; ce décret eut
le sort commun à toutes les déterminations sans conviction, à toutes les mesures qui sont plutôt enlevées
que prises avec résolution.

Là où des esprits généreux se flattaient de trouver
une pensée de justice, il n'y avait qu'une mesure d'un
jour ; là où des hommes, qui ne demandaient qu'à
accorder leur confiance, croyaient à une loi d'intérêt
public, il n'y avait qu'un succès de personne ; là
où on était en droit de compter sur une sécurité du-
rable, sur l'immutabilité qui est la force de la loi et
la garantie des justiciables il n'y avait qu'une parade
de famille, et cet acte qui aurait pu être un des plus
équitables du dernier règne, comme étant non-seulement l'expression du respect du droit, mais une
œuvre réparatrice, trahit bientôt sa faiblesse native
et disparut dans le tourbillon des idées indécises qui
sont le propre de ces périodes à éclats intermittents.

Entaché du vice originel, reflétant cette politique
d'hésitation et d'incertitude, de tatonnements et
d'essais, ce décret hélas ! n'était pas né viable, il était
frappé de cette marque funeste dont la politique européenne porte depuis longtemps la fatale empreinte,
il lui manquait cette force régénératrice : « les prin-
cipes, » qui sont le souffle et l'âme de toute conception
humaine.

La création du ministère de l'Algérie que nous revendiquons répond aux nécessités de l'assimilation progressive, elle est un acheminement vers l'assimilation entière. Cette forme de direction place les fonctionnaires de l'Algérie dans une situation égale à celle des fonctionnaires de la métropole, en ce sens que cette situation relève de l'Etat et non d'un homme; c'est une condition d'indépendance indispensable à leur dignité, en même temps qu'une garantie de justice pour les administrés.

Les préfets algériens, recouvreront une liberté en rapport avec leurs fonctions, lorsqu'ils échapperont à la tutelle humiliante des nombreux chefs militaires, dont l'autorité pèse sur leurs mouvements, et qui fait de ces fonctionnaires une sorte nouvelle d'interdits administratifs. Les relations directes des préfets, avec leur département ministériel, rendront à ces administrateurs une liberté d'action plus conforme avec leur position, en même temps que ce droit d'initiative sans lequel, plus un rôle est élevé plus il est intolérable, plus sa nullité devient choquante.

Plus nous considérons la situation politique et administrative de la France, moins nous parvenons à nous expliquer la persistance du maintien d'un gouvernement général en Algérie qui a certainement moins sa raison d'être, qu'un ministère de la marine à Brest ou à Toulon, ou qu'un ministère du commerce à Lyon ou à Marseille. Comment, l'on centralise l'administration générale de l'empire dans les mains d'un secrétaire d'Etat, et à l'Algérie seule il faut une organisation spéciale, des lois d'exception, un gouvernement général, une cour! et l'Algérie est à trente heures de nos rives!

Par quelle raison spécieuse trouvera-t-on à établir que si un gouverneur général est indispensable à Alger, des cités telles que Lyon, Marseille, ne seraient en droit de réclamer leur vice-roi!

Serait-ce le chiffre de sa population? Mais le nombre de Français dépasse à peine celui que renferme l'enceinte d'une ville de troisième classe!

Serait-ce la nécessité des lois spéciales à opposer aux flots de l'immigration! Mais qui ignore de quelle façon cette immigration est... favorisée.

On concevrait, et encore faudrait-il pour cela beaucoup de bonne volonté, que le nombre considérable des administrés, que l'agglomération d'éléments hétérogènes justifiassent jusqu'à un certain point l'indispensabilité de mesures exceptionnelles qui sont toujours une atteinte à la loi, mais les questions que nous avons posées avec une complaisance que nous n'hésitons pas à qualifier d'excessive, portent trop leur réponse avec elles, pour qu'il nous semble utile de nous arrêter davantage à prouver l'énormité de cette faute.

Serait-ce encore à cause de la population arabe qu'on croirait pouvoir justifier ces dispositions? L'exception serait encore moins fondée, et en effet, comment admettre que pour la commodité du vaincu ou soumette le vainqueur à une législation d'expédients, on le soustraye en quelque sorte à ses juges naturels! Ce serait au moins violent et nous en arriverions à ce résultat étrange qu'un Français s'expatriant, qu'un Français aidant par son industrie, par son travail à la prospérité d'une conquête de la France, serait tenu d'abdiquer ses droits de citoyen et de faire le sacrifice de sa loi en échange de règles variables et abusives qui le livreraient désarmé à l'arbitraire. C'est là le secret de cette hésitation à aborder le sol algérien que nous constatons dans l'esprit des Français; c'est là une des causes principales de cette répugnance qu'ont les travailleurs à se diriger vers l'Algérie; c'est là surtout un des motifs à cette préférence que les émigrants accordent aux pays lointains. Le gouvernement général est donc un non-sens politique, en même temps que la forme législative qu'il affecte est en contradiction formelle avec la logique comme avec la raison; et la pauvreté des motifs sur lesquels s'appuient ses rares défenseurs, la triste raison qui en est le fond, a trop de transparence pour que personne ait la naïveté de croire à une raison d'Etat.

Personne non plus ne se sera mépris sur la pensée qui nous a guidé dans le mode de formation du Comité général du Ministère de l'Algérie.

Des hommes, que la supériorité de leur savoir, qu'une connaissance approfondie des besoins de l'Algérie, que les services rendus à la patrie signalent au choix du pouvoir, seront d'une trop incontestable utilité pour que nous jugions nécessaire de nous étendre sur cette mesure, qui ferait entrer dans la commission algérienne des autorités que le comité serait, à juste titre, honoré de compter dans son sein

Ces hommes apporteraient aux travaux de l'Algérie le concours de leur savoir, le prestige de leur haute notoriété, et useraient, à son profit, de l'influence conquise si légitimement par leurs talents et leur patriotisme.

Ce sont là des avantages sérieux dont le résultat se

traduirait sous toutes les formes, et ne se ferait certainement pas attendre.

D'un autre côté, la nomination à ces hautes fonctions, laissée à l'État, aurait le mérite non moins précieux d'intéresser et d'engager l'État, en même temps qu'elle donnerait satisfaction à l'esprit de prérogative, qui est le fond de la puissance autoritaire en France.

Ce choix officiel est, du reste, largement contrebalancé par les conseillers électifs présents en nombre égal.

Ces derniers, investis de la double autorité puisée au suffrage de leurs concitoyens, et à celui de leurs collègues, auraient pour combattre, l'indépendance et la force qu'impose le respect de toute délégation élective.

Cette combinaison a, à notre sens, l'indiscutable mérite de donner satisfaction aux légitimes exigences du gouvernement qui est, en définitive, le bailleur de fonds, le répondant, en même temps qu'elle répond aux aspirations démocratiques du pays. Issus du suffrage de leurs concitoyens, c'est par le suffrage de leurs collègues que les délégués seraient appelés à s'asseoir au comité général. C'est là un double critère qui augmente d'autant les garanties qu'on a le droit de demander à des mandataires auxquels on confie une procuration générale.

Voici donc au point de vue moral toutes les sécurités. Quant au point de vue de l'action, les conseillers généraux, pénétrés qu'ils seraient de la grandeur de leur mission, seraient appelés à rendre d'éminents services au pays.

Munis de tous les documents utiles, aidés de l'expérience acquise par leur séjour en Algérie, forts de leurs connaissances pratiques, investis de cette autorité étendue, inhérente à la mission de rapporteurs, ils seront d'un immense secours dans les études de toutes sortes, dans la prompte solution de toutes les questions, dans la marche régulière des affaires, et leur opinion saura acquérir au sein du Comité une autorité méritée.

Le ministre choisi au milieu d'une Assemblée élue, donnera la majorité à l'élément issu du mode démocratique, c'est à lui que revient la présidence du Comité; nous trouvons la nécessité de ce rôle dans bien des raisons, l'autorité que sa présence imprimera à ces débats, sa responsabilité personnelle qui en sera la conséquence immédiate et de plus la part effective que le ministre aura prise, tant à l'étude qu'à la discussion des questions, l'engageront forcément à la prompte solution des affaires.

Nous avons parlé de la présidence du Comité, nous avons dit un mot de la commission de permanence, de sa composition, de ses attributions, de sa présidence, de ses sessions; on conçoit que nous ne pouvons esquisser ce plan qu'à grands traits, laissant à l'heure de l'exécution le soin de suppléer à cette brièveté que nous commande la nature de ce travail.

Nous jetons les assises de l'œuvre qui appartient au législateur.

Nous allons reprendre l'exposé des articles que nous ferons suivre de la continuation de l'exposé des motifs.

Après les pages qui précèdent, consacrées à l'organisation du Ministère de l'Algérie, il nous reste à traiter de ses attributions.

TITRE TROISIÈME.

ATTRIBUTIONS.

ART. 18. — Le Ministère comprend dans ses attributions :
La haute administration de l'Algérie.
La préparation du budget.
Des mesures d'utilité générale.
Les travaux publics.
Les modifications territoriales en ce qui touche les divisions administratives, les circonscriptions judiciaires et électorales.
La fixation de l'effectif des troupes.
Les demandes et désignation des lieux de garnison.
L'organisation des milices sédentaire et mobile.
Les travaux de défense : « Remparts, défense des côtes, etc. »
La création des voies ferrées, des ports et phares.
La création des centres de population.
Les propositions à la Chambre des lois d'exce ption et d'emprunts.

ART. 19. — Aucune décision ne saurait être prise qu'en Comité général et à la majorité absolue.

ART. 20. — La direction générale du personnel des services civils et des cultes est placée dans les attributions du Ministère de l'Algérie. Ces personnels sont considérés comme détachés de leurs ministères respectifs pour un service public.

ART. 21. — Le service de la justice reste dans les attributions du ministère de la justice.

Art. 22. — Les armées de terre et de mer demeurent dans les attributions des ministères de la guerre et de la marine.

Art. 23. — Il en sera de même pour tous les services relevant du ministère des finances qui resteront dans les attributions de leur ministère.

Nous venons d'indiquer quelles étaient, ou du moins quelles devraient être, les attributions du Ministère. Nous écartons néanmoins de cette autorité, que nous voulons aussi étendue que possible, tout ce qui concerne le service de la justice et de l'armée; les raisons qui nous dictent cette mesure sont si simples qu'il serait oiseux de les développer. L'indépendance qui fait la grandeur de la magistrature, ne doit recevoir aucune atteinte, et nous attendons depuis trop longtemps qu'on restitue à la magistrature algérienne l'inamovibilité dont elle est dépouillée sous l'étrange prétexte qui devrait au contraire ajouter au mérite de ses services.

En laissant l'armée et la marine militaire dans les attributions des ministères de la guerre et de la marine, nous montrons assez notre désir de laisser les choses dans leur état normal. Réunir dans les mains d'un seul ministre toutes les forces, tous les services, ce serait tourner dans un cercle vicieux, et déplacer purement le gouvernement général. C'est toujours la pensée de l'assimilation, qui nous pousse à demander la même organisation en Algérie qu'en France des services financiers. Rien ne s'oppose à la création des recettes et des perceptions. Nous avons dû toutefois faire une exception en ce qui concerne le personnel de l'Administration civile et du service des cultes.

Cette détermination est imposée autant par l'expérience des faits, qu'elle est indiquée par des considérations qui n'échappent à personne. Il est indispensable pour la bonne gestion des affaires, il est dans l'intérêt de cette homogénéité qui doit exister dans l'esprit des chefs et des agents, que les services d'administration civile soient détachés du ministère de l'intérieur, et relèvent directement du Ministère de l'Algérie.

Le service des cultes se trouve dans la même nécessité, mais pour d'autres motifs. La diversité des croyances exige, dans l'intérêt de la paix commune, que le Ministère ait pleine autorité pour réprimer le fanatisme des uns et tempérer le zèle ardent des autres.

Nous avons fait entrer dans les attributions du Ministère de l'Algérie, la préparation du budget, toutes les questions d'administration, toutes les modifications territoriales, soit au point de vue des nouvelles divisions départementales, soit au point de vue des circonscriptions judiciaires et des circonscriptions électorales.

Nous ajoutons à ces attributions la fixation de l'effectif des troupes, la désignation des points de garnison, l'organisation des milices sédentaire et mobile.

La nécessité de ces mesures découle d'elle-même.

Nous croyons indispensable aussi que tous les grands travaux publics soient soumis à sa sanction, et ce sans exception.

Nous faisons remarquer que c'est avec une intention marquée que nous faisons entrer dans ce chapitre les travaux de défense, tels que murs d'enceinte, fortifications et défense des côtes. Tout en confiant l'étude des projets à la direction générale des fortifications.

Il est temps, pensons-nous, de faire cesser cet antagonisme systématique, qui est à constater si souvent entre les diverses administrations françaises; mais dont nous ne saurions trouver nulle part un plus frappant exemple que dans l'hostilité choquante à laquelle est si souvent disposé le génie militaire à l'égard des ponts et chaussées. Il faut voir cette administration aux prises avec la bureaucratie militaire du génie pour arriver à se faire un idée de la « *furia* » qui règne dans les deux camps. Et, en définitive, le résultat le plus clair de tous ces tiraillements, c'est que l'intérêt public est seul à en souffrir, la santé ni l'intimité des combattants n'en sont altérées en rien.

Et, pourtant, il faudrait assister au spectacle d'un de ces combats administratifs qui atteint les proportions d'une lutte entre Guelfes et Gibelins, sans être, toutefois, aussi meurtrière. On dirait, en réalité, deux armées ennemies prêtes à s'exterminer, et il ne faut pas croire à l'exagération lorsque nous disons que le service qui parvient à faire prévaloir son opinion, considère ce « succès » comme un véritable triomphe; les intérêts du contribuable disparaissent dans la mêlée. Il est bien question de cela !

Et de quoi s'agit-il le plus souvent? Ce sont des questions qui ont l'importance de « l'histoire d'un bouton. » Un nivellement, l'enlèvement d'une borne sont-ils jugés nécessaires, le service civil se met à l'œuvre avec une candeur digne d'un meilleur sort, mais il a compté, hélas! sans les puissances jalouses.

On nous croira difficilement, mais il est arrivé que pour un pan de mur à renverser, les bureaux militaires ont, par leur opposition systématique, retardé pendant des années des travaux considérables et arrêté dans son élan la plus-value qui commençait à s'ajouter aux terrains situés dans le périlleux voisinage du mur de discorde.

Il n'est pas une question dans laquelle ils ne trouvent à s'immiscer. Qu'il s'agisse d'un travail important ou secondaire, d'une construction ou de réparations, immédiatement on déploie au vent la bannière de tous les combats, et le mot d'ordre sacré circule dans les rangs frémissants des deux camps qui se préparent rapidement à une lutte qui, sans être aussi homérique, a souvent dépassé en durée les péripéties de l'épopée qui inspira l'Iliade.

Et quand on songe que dans cet acharnement de Capulets et de Montaigus, dans cette mitraille de dossiers, de notes, de correspondance, il n'y a le plus souvent qu'une question d'amour-propre, inspirée par cette funeste manie française d'esprit dit de corps, comment se défendre d'une profonde tristesse en face de ces enfantillages accomplis avec une si décourageante gravité et qui ne servent, en définitive, qu'au triomphe de l'exergue d'un bouton sur l'exergue d'un autre bouton? C'est cet obstacle, connu de tous les Algériens, dont nous voulons affranchir la bonne marche des affaires, en laissant au Ministère pouvoir absolu sur toutes les questions soumises jusqu'à présent aux lenteurs et aux difficultés suscitées par les bureaux militaires.

L'exclusion absolue du mode de majorité relative, que nous repoussons dans toutes les propositions, dans toutes les mesures touchant l'Algérie, comme dans toutes les élections, c'est la destruction des petites églises, et des petites influences. Cette mesure ajoute, en outre, une valeur incontestable à l'autorité de toutes les décisions, revêtues qu'elles seront d'une majorité imposante.

TITRE QUATRIÈME.

ORGANISATION GÉNÉRALE.

ART. 24. — L'Algérie sera divisée en douze départements, dont quatre départements formés par chacune des trois provinces actuelles.

ART. 25. — Les anciens chefs-lieux sont maintenus, les villes destinées à devenir le siége des préfectures nouvelles seront désignées par une loi, sur la proposition du Comité général.

ART. 26. — La désignation des chefs-lieux d'arrondissement et de canton, celle des centres érigés en commune et des centres à créer seront également l'objet d'une loi votée sur la proposition du Comité général.

ART. 27. — Les quatre départements de chacune des provinces actuelles formeront le ressort d'une Cour d'appel distincte.

ART. 28. — Le siége de la Cour d'appel du ressort formé

par les départements de la province d'Alger sera à Alger, celui de la Cour d'appel du ressort de la province d'Oran à Oran, et celui de la Cour d'appel du ressort de la province de Constantine à Constantine.

Art. 29. — Il sera créé un tribunal civil dans chaque chef-lieu de département et dans chaque chef-lieu d'arrondissement, et il sera nommé un juge de paix dans chaque chef-lieu de canton.

Art. 30. — Le service des finances sera organisé sur le pied de cette administration en France, soit en recettes générales, particulières et en perceptions.

Art. 31. — Chacune des anciennes provinces formera une circonscription académique dont le siége principal sera fixé ultérieurement.

Art. 32. — Des Facultés de droit, de médecine, de lettres et de sciences seront créées à Alger.

Art. 33. — Des Ecoles d'arts et métiers et d'agriculture seront créées dans chaque département.

Art. 34. — L'Algérie formera une préfecture maritime, le nombre et le siége des arrondissements et des sous-arrondis- seront fixés ultérieurement.

Art. 35. — Le rôle des officiers généraux, placés à la tête des divisions et des subdivisions militaires, comprendra le commandement des troupes et la haute direction de tous les services militaires.

Art. 36. — Les bureaux arabes sont supprimés dans toute l'étendue du territoire.

Art. 37. — Les archives de chaque bureau arabe seront remises à la maison commune de l'arrondissement le plus rapproché dudit bureau.

La division actuelle de l'Algérie ne répond ni à l'étendue de son vaste territoire ni à sa population, ni à ses besoins. Elle est contraire à la nécessité des promptes solutions indispensables à la bonne direction des affaires d'un pays en voie de formation.

La division départementale de la France appartient à l'œuvre impérissable qui a immortalisé le génie de la Révolution. Lors de la discussion de l'Assemblée constituante sur cette division, Mirabeau, avec cette pénétration familière au génie, éleva de judicieuses critiques en reprochant à la commission de n'avoir eu en vue que la division de l'espace et non la population. L'illustre tribun appuyait ses remarques d'arguments qui auraient dû en amener le complet triomphe, et il insistait pour qu'on tînt compte de la population et qu'on ne traçât pas aux départements des limites trop étendues, dont la conséquence était de laisser subsister les difficultés d'administration que cette nouvelle et intelligente division départementale avait pour but de vaincre.

Tout en nous inclinant devant les impérieuses raisons qui dictaient ces observations; ce n'est ni à la population ni à l'espace que dans la présente conjoncture nous croyons que l'on doive s'arrêter; et, sans tenir compte et de la population et de l'espace, c'est au point de vue de *l'avenir* que nous conjurons les législateurs de motiver leur décision.

C'est l'avenir qui doit être et rester la considération prédominante de tous les actes de la législature appelée à consolider et à étendre, par des travaux largement conçus, la conquête dont la destinée est de doubler les forces et les richesses de la France.

Plus d'un département dû à la nouvelle division, entendons nous dire, n'aura, au début de sa création, qu'un territoire insuffisamment peuplé. Eh bien ! nous n'hésitons pas à le déclarer, si l'on ne considérait même que l'heure présente nous ne reconnaîtrions aucun droit à cette abondance de questions banales dont nous voyons monter le flux. Pour quelle population ce luxe d'organisation administrative sans administrés? Pour quels mouvements de fonds cette organisation financière sans contribuables ?

Pour quels litiges cette organisation judiciaire sans justiciables?

Pour quelle génération cette organisation scolaire sans écoliers?

L'exagération de ces inquiétudes nous met à l'aise, elle nous fournit l'occasion d'aller au devant des objections et de montrer combien nous les redoutons peu, et combien le simple raisonnement en a facilement raison.

Nous avons dit un mot de la discussion qui précéda la nouvelle organisation administrative de la France. D'après la proposition de Mirabeau, que les historiens s'accordent à trouver la meilleure, la France eût dû être divisée en cent vingt départements. A cette époque la population de l'Empire était de 25,000,000 d'habitants. En divisant ce chiffre par cent-vingt, nombre des départements proposés, on arriverait à 208,000 habitants environ par département.

En réclamant aujourd'hui douze départements pour l'Algérie, dont la population dépasse 3,000,000 d'habitants, nous obtenons un minimum assuré de 250,000 habitants par département, c'est-à-dire un chiffre supérieur de près d'un cinquième à celui qui aurait peuplé les départements de la France, si la Constituante en avait élevé le nombre suivant le vœu de Mirabeau.

Nos départements ne seraient donc pas sans administrés !

Voici, on en conviendra, des chiffres positifs. Nous n'avons voulu nous appuyer que sur des certitudes, sur des précédents dont personne ne contestera l'autorité. Nous aurions pu recourir à plus d'un argument théorique, nous aurions pu invoquer le témoignage des physiocrates dont l'opinion générale, tirée de recherches suivies et d'études puisées à des observations comparatives, établit que l'accroissement de la population, loin d'être en raison directe de sa concentration, l'accroissement et la concentration présentent, au contraire, deux termes qui sont en rapport inverse. C'eût été là une raison pour ne pas nous arrêter à l'insuffisance de la population actuelle, si ce motif pouvait être sérieusement invoqué.

Nous aurions également à opposer des preuves positives, si on arguait de l'inutilité des services financiers d'après le système de leur organisation en France. Qu'on ne vienne pas nous dire que l'heure est prématurée pour cette organisation ; ce serait là des observations spécieuses, auxquelles nous répondrions qu'un pays dans lequel on a su prélever, en quelques mois, plus de 30 millions de contribution de guerre, n'est pas absolument indigne de posséder une organisation financière identique à celle de la métropole qui le régit ; qu'un pays dont le revenu dépasse celui de plus d'un petit Etat d'Europe, mérite bien que ce revenu soit l'objet de sollicitudes égales à celles des finances de nos départements. Nous n'avons pas besoin d'aller bien loin pour chercher des chiffres qui accusent la présence de contribuables en nombre respectable. Ainsi, pour l'année 1870, le commerce de l'Algérie, d'après une statistique officielle, a dépassé 260 millions !

En demandant l'assimilation de la trésorerie de l'Algérie à celle de la France, nous faisons nos restrictions. Il ne faut pas que cette assimilation aille jusqu'à doter l'Algérie de tous les vices de la Trésorerie des départements. Ce serait donc une heureuse occasion de tenter l'application d'un système plus équitable et surtout plus en harmonie avec le respect de la légalité. Il serait anormal d'implanter dans un pays neuf le vieux système des rétributions, au moyen de remises soi-disant proportionnelles, qui n'est qu'une imitation inintelligente et routinière des fermes générales d'autrefois, et qui n'a d'autre résultat que de dissimuler la véritable rétribution des favoris du pouvoir et le maigre salaire des employés laborieux, qui en réalité supportent tout le poids du service de la Trésorerie. Nous rejetons ce système comme nous repoussons ce fameux compte-courant, par lequel l'*Etat emprunte* aux trésoriers généraux un argent que ceux-ci reçoivent du public pour leur compte personnel, comme si l'Etat n'avait pas assez de crédit pour recevoir cet argent directement du public à des conditions au moins aussi avantageuses que Messieurs les trésoriers-généraux ! Le maintien de ce privilége n'est plus de notre époque.

Le mouvement maritime, les nombreuses transactions, la sécurité des affaires, au point de vue d'un facile recours en justice, la sécurité du pays au point de vue du retour à la justice de tous les faits qui peu-

vent troubler la paix publique, motivent surabon-
damment une organisation judiciaire en rapport avec
l'étendue du pays, comme aussi avec l'importance de
son mouvement commercial.

La multiplicité des Cours, celle des Tribunaux, la
création de nombreuses justices de paix, répondent aux
nécessités de protection indispensable à ce peuple de
justiciables, qui n'a eu jusqu'à présent pour suprême
recours que les arrêts de ces tribunaux, dont les juges
en épaulettes, de l'aveu même de l'un des hommes qui
a été investi de cette étrange magistrature, disposent
d'un pouvoir si étendu, que l'autorité d'un Pacha ne
saurait leur être comparée, et que de plus ils agissent
avec une indépendance d'allure à calmer les scrupules des satrapes, si tant est que, du haut de leur
dernière demeure, il leur soit donné d'admirer cette
Macédoine d'arrêts de nos Salomons modernes.

L'instruction publique en Algérie, dont le rôle a,
sans contredit, pour le moment une importance supérieure à celle que nous lui reconnaissons en France,
puisqu'elle doit apporter, outre le progrès, l'initiation,
demande une organisation universitaire nouvelle
dont les proportions répondent aux nécessités qui
en font une loi inexorable.

L'instruction publique sera un des rouages les plus
actifs de notre système, l'instruction publique aidera
à la transformation de la génération nouvelle, et à ce
titre sa mission sera élevée entre toutes.

Nous demandons de nombreuses écoles françaises
parce que en elles réside le véritable élément civilisateur.

L'Arabe s'approche avec moins de crainte de l'instituteur que du prêtre ; il sait que le dévouement du pre-

mier est désintéressé, l'instituteur travaille pour la Société dont lui humble individu se sait un des membres;
il redoute les sollicitudes toutes sacerdotales du second; celui-ci agit pour son Dieu, dont lui, Arabe, n'est
et ne veut pas devenir l'enfant. Nous ne voulons pas
nous arrêter longtemps à cette question; elle effleure
un sujet aussi irritable que délicat. Tout en respec-
tant le culte et les croyances de chacun, nous avons
cru de notre devoir d'exposer avec sincérité et impartialité les sentiments que nous savons au musul-
man, et qu'il est bon de ne point froisser. L'Arabe a
la défiance native d'un peuple primitif habitué aux
spoliations, à l'arbitraire, à la tyrannie sans frein de
maîtres aveuglés par leur puissance; il a quelque
peine à concevoir qu'on veuille faire le bien pour le
bien; il se souvient trop de ces nombreux bœufs qu'il
lui a fallu donner, et en échange desquels il n'a pas
même reçu l'œuf. Heureux de s'enfuir la peau sauve,
ce qui n'est pas toujours le cas; il accepte avec une
certaine hésitation les bienfaits que nous lui offrons
avec la générosité d'un peuple civilisateur; son esprit
ne sait pas démêler le pourquoi des institutions pro-
tectrices sous lesquelles nous l'appelons à se réfu-
gier, mais le premier pas fait il ne demeure pas longtemps à franchir le second; il ne tarde pas à avoir
conscience de la gratuité du service, de la générosité
du donateur, sans pourtant apprécier l'élévation de
ce sentiment de désintéressement qui est dans l'humanité la justification du conquérant. L'Arabe s'approche donc de son initiateur et, s'il ne lui voue pas
l'admiration qui serait pourtant un légitime tribut
pour les bienfaits qui lui sont prodigués, il accorde à
cet initiateur tout ce qu'il peut trouver de plus géné-

reux en lui, il lui accorde tout ce qu'il peut trouver de sentiment dans la rusticité de sa nature, il lui accorde : *Sa confiance!* C'est là l'expression la plus haute du triomphe moral remporté par le vainqueur sur le vaincu.

Nous insistons de toutes nos forces sur la création des trois académies universitaires que nous réclamons, avec tous les avantages positifs attachés à cette organisation.

Nous désirons pour chacune des anciennes provinces un lycée et des colléges.

A côté de ce vœu se place naturellement la proposition tendant à la création, à Alger, de facultés de Droit, de Médecine, de Lettres et de Sciences, et nous ne saurions mieux défendre cette proposition qu'en exposant les excellents arguments et le système ingénieux de l'auteur de ce projet, si bien conçu à tous les points de vue. Toutes les années des jeunes gens, en nombre considérable, se trouvent dans la regrettable nécessité d'interrompre leurs études, ce sont nos volontaires d'un an qui ont hâte de s'affranchir de l'obligation imposée par la nouvelle loi militaire.

Comment concilier les obligations de la loi avec des intérêts privés qui sont en même temps les intérêts du pays, car il importe à la France que les hommes qui se destinent aux carrières libérales, si justement honorées, aux fonctions utiles qui sont le but de leurs efforts, arrivent à ces postes, avec une instruction dont la solidité n'ait pas été ébranlée par une interruption qui, dans les circonstances présentes équivaut à un abandon.

C'est au gouvernement qu'il appartient de prendre des mesures, afin d'éviter que des intérêts si graves soient lésés, et ces mesures peuvent être prises sans qu'il soit porté atteinte à la loi ; bien mieux, l'adoption de ces mesures répondrait aux prévisions de la loi. Il suffirait, pour arriver à ce résultat, de l'installation en Algérie des volontaires d'un an.

L'Algérie, on le sait, est une école où se forme vite le soldat, il n'est pas un officier qui conteste cette vérité. La transformation qui s'opère dans les allures d'un régiment arrivé de France, après quelques mois seulement de séjour en Algérie, est telle, qu'elle frappe même les personnes les moins aptes à juger. Notre armée sait très bien ce que valent des troupes qui ont eu la bonne fortune d'y achever leur éducation militaire.

Ces progrès sont dus à mille causes diverses, le trajet, la traversée, qui obligent déjà le soldat à se *dégourdir,* qui l'accoutument à des difficultés nouvelles, qui le soumettent à des épreuves de toute nature et ajoutent à son expérience.

C'est là le début de cette vie accidentée qui forme le soldat, qui l'achève et qui lui imprime cette belle physionomie, cette expression martiale qui faisaient la beauté de cette vaillante et héroïque armée d'Afrique, dont nous portons le deuil.....

Nous n'avons pas les connaissances spéciales qui nous permettent d'exposer toutes les raisons qui viennent à l'appui de nos assertions, nous ne pouvons que résumer synthétiquement nos impressions ; mais ce que nous pouvons assurer sans hésitation, c'est que le séjour de l'Algérie se prête merveilleusement à une prompte et solide éducation militaire, et que ce serait une grosse faute que de ne pas tirer de cette situation tous les avantages de la rapide formation d'une armée de guerre, dans laquelle les volontaires sont susceptibles d'être appelés.

En installant tous les volontaires d'un an dans le département d'Alger, on éviterait l'interruption de leurs études; leurs inscriptions dans les Facultés se raient prises sans discontinuation et leurs travaux ne souffriraient d'aucune atteinte, pas plus que le service militaire. Nous n'avons pas l'intention d'exagérer les mérites du peuple allemand, nous nous sommes plus d'une fois élevé contre l'apologie systématique qui est de mode depuis nos défaites, mais lorsque nous trouvons un exemple bon à suivre, pourquoi ne pas le citer? Ainsi, les Allemands ont combiné pour les volontaires d'un an, dans les villes d'Université, les exercices militaires et les études scolaires.

Pourquoi n'imiterions-nous pas cet exemple? Nous le dépasserions bien vite dans son application?

L'éducation militaire serait confiée à des officiers de choix dont le degré d'instruction serait la condition première.

Les études universitaires, interrompues par le volontariat, continueraient dans les facultés d'Alger.

Ce serait là un brillant contingent, qui doterait largement les écoles d'enseignement supérieur de l'Algérie. Si, au début, la création d'un personnel universitaire complet rencontrait quelques difficultés, pourquoi ne pas recourir à un moyen qui ne ferait qu'ajouter à l'éclat de ces écoles? Ainsi, ne pourrait-on appeler chaque année, par une sorte de roulement, pour les mois d'hiver, les maîtres les plus renommés de la France dans l'ordre du Droit, des Sciences ou des Arts! Au ministre de l'instruction publique et au ministre des travaux publics appartiendrait le choix des professeurs qui achèveraient la conquête, en véritables soldats d'un peuple civilisateur.

Cette organisation répondrait au sentiment général, ces cours seraient suivis *avec reconnaissance,* car bien des volontaires qui ont commencé leurs études les quittent avec regret, et ceux-là seraient trop heureux de ne point compromettre ces études et de n'avoir pas à les prolonger, à l'expiration de leur volontariat, de tout le temps passé à l'armée, aussi se hâteraient-ils de prendre leurs inscriptions dans ces facultés tutélaires. Ce serait là un revenu considérable pour les Facultés d'Alger, et qui couvrirait bien certainement les dépenses nécessitées par leur création.

Il pourrait même être imposé aux étudiants de prendre leurs inscriptions; et de plus un certificat d'assiduité, aux cours de leurs études techniques, pourrait être exigé d'eux et faire l'objet d'une mesure obligatoire.

Avons-nous besoin de faire entrevoir les conséquences multiples de cette combinaison? Les résultats en seraient des plus heureux.

C'est d'abord l'Algérie, connue par la génération nouvelle, par l'élite de la jeunesse française. Le séjour de ces jeunes gens dans ce beau pays restera dans leur souvenir avec ce prestige ineffaçable et sans rival des premières impressions. Plus d'un de ces volontaires ne se bornera pas à une affection platonique, il reviendra attiré par les séductions de cette splendide nature, de ce ciel merveilleux, de ce soleil « toujours jeune ». C'est ensuite l'Algérie connue par tout ce que nous comptons d'illustrations scientifiques, nos professeurs les plus éminents étant appelés successivement à occuper les diverses chaires de nos Facultés; c'est l'Algérie qui grâce à ce puissant concours du monde savant, entre au cœur et dans l'esprit de la France.

Ce sont aussi les familles de nos volontaires changeant l'itinéraire de leurs excursions annuelles et prenant Alger pour but de leur voyage.

Les obligations onéreuses auxquelles entraînent de longues études accusent, en faveur des candidats, la possession d'un certain patrimoine. Les familles de nos jeunes volontaires seraient donc à même de donner, par leur présence à Alger une salutuaire impulsion aux affaires, en même temps qu'ils en feraient la station d'hiver la plus brillante, non-seulement de la Méditerranée mais du monde.

Et parmi ces familles combien d'entre elles se décideront peut-être à ne plus quitter cette Algérie, combien d'autres en raconteront les beautés?

Et dans un temps rapproché, grâce à ces nombreux voyageurs attirés dans le pays, grâce à ce contingent de volontaires, se renouvelant chaque année, grâce à cette jeunesse française, qui comptera dans ses rangs toute la jeunesse instruite, il ne sera pas un village dans lequel l'Algérie soit ignorée; il ne sera pas un cercle de famille dans lequel elle n'aura sa part dans les entretiens intimes. Ce sera l'Algérie vulgarisée.

Voilà donc des avantages indiscutables et positifs. Le développement de l'immigration, la création d'importants établissements universitaires, leur prospérité certaine par une dotation assurée, ne sont pas les seuls résultats que nous avons à attendre de cette combinaison.

Dans les volontaires il n'y a pas que des futurs légistes, des futurs médecins, des futurs ingénieurs, de futurs maîtres dans les arts qui sont partout, et qui seraient là surtout les soldats de la paix et les conquérants définitifs de l'Algérie. Il y a aussi des fils de grands cultivateurs, des fils de grands industriels qui tiennent à continuer l'œuvre paternelle, ce sera là une grande ressource pour les écoles d'arts et métiers, pour les écoles d'agriculture que nous souhaitons depuis si longtemps (1).

L'Algérie aurait donc la rare fortune de pouvoir s'enrichir d'un coup des Facultés de Droit, de Médecine, de Lettres, de Sciences ; d'Ecoles d'arts et métiers, et d'agriculture, sans rencontrer les charges budgétaires, qui sont la première difficulté à redouter.

Une partie de ce grand problême : « des bras et des capitaux, » serait résolue. L'Algérie serait connue, sa puissance cesserait d'être virtuelle, sa richesse ne serait plus à l'état latent, et nous laisserions loin derrière nous l'ère des proconsuls, dont le souvenir ne servirait qu'à marquer les étapes parcourues.

Nous avons demandé que l'Algérie fût érigée en préfecture maritime. La défense de nos côtes, la construction des ports, qui sont l'objet de nos propositions, justifient assez cette mesure, pour qu'il soit utile d'entrer dans des développements.

Il faut que l'Algérie soit organisée de façon à ce que, non-seulement son fonctionnement ne se heurte à aucune difficulté secondaire, mais encore de manière à ce que notre sollicitude pour tout ce qui la touche montre franchement à l'Europe que nous voulons garder et défendre notre sol.

---

(1) Nous en avons fait la première proposition en 1860.

Nous avons aussi manifesté, en maintes circonstances, notre désir de voir les généraux rester généraux. Leur responsabilité comme chefs militaires est
déjà assez lourde pour qu'ils aient à ambitionner un
mandat quelconque à ajouter aux fonctions élevées
qui leur sont confiées. La vertu de leur grade les
placerait-elle au-dessus de la loi commune? Un général ne saurait mieux faire un bon administrateur,
qu'un administrateur ne saurait remplacer un bon
général. A de rares époques de l'histoire, on a vu
l'enthousiasme, le patriotisme improviser le succès ;
mais la science, l'éducation l'ont toujours su préparer
plus sûrement aux peuples qui n'ont pas méconnu
ces deux grandes conditions d'avenir.

Laissons donc chaque chose en sa place, et dans
l'intérêt d'une bonne administration comme dans
l'intérêt d'un bon commandement. L'on n'improvise
pas plus un officier général, qu'on improvise un administrateur. Il faut à l'une comme à l'autre de ces
hautes fonctions non-seulement des aptitudes, mais
des études spéciales, le tout fortifié encore par une
expérience pratique.

Nos tendances spéculatives sont bien souvent la
cause d'erreurs funestes, les mots nous suffisent, les
événements ne nous ont-ils pas assez appris à n'ap-
prouver que les faits.

Aux premiers jours de la conquête, alors que tous
les rôles appartenaient à l'épée, il eût été difficile de
concevoir que les chefs militaires n'eussent pas toute
l'autorité; mais c'était l'époque du *commandement*,
aujourd'hui c'est le temps du *gouvernement*. Devant la
loi, l'épée doit rentrer au fourreau, et si elle en est
tirée, ce ne doit être que pour protéger la loi, et non

point pour tracer de nouveaux textes de la pointe de son acier.

De notre exposé ressort naturellement la suppression des bureaux arabes; en n'ajoutant ni militaires ni civils nous croyons montrer clairement que nous repoussons cette institution, à quelque ordre qu'elle appartienne, et que nous ne voulons laisser la porte ouverte à aucune interprétation.

Le système est condamné depuis longtemps. Quant aux officiers, généralement instruits, ils seront plus à leur place dans l'armée active, qui est leur véritable carrière, et ils sauront y rendre de meilleurs services. Il nous reste d'autres questions à traiter, nous ne voudrions pourtant pas quitter l'organisation générale sans exprimer notre désir de voir s'établir une ferme école dans chaque département, et une école de mousses au chef-lieu maritime.

On ferait aussi œuvre d'humanité en envoyant en Algérie les jeunes condamnés qui s'étiolent dans les prisons de France. Une vie active, le travail au grand air, la perspective d'un résultat assuré feraient des cultivateurs et des hommes de ces malheureux jeunes gens qui doivent souvent à une première et légère faute la ruine de leur avenir. La plupart sont abandonnés de leur famille, d'autres n'ont point de famille, d'autres ont grandi sous le poids de toutes les misères. C'est souvent après avoir subi les plus atroces privations qu'ils arrivent aux tristes extrémités qui les amènent à devenir un péril pour la société, lorsqu'on pourrait si facilement les racheter.

Nous avons en France des philanthropes qui consacrent noblement leur vie, leur fortune et leur intelligence à des œuvres de bien. La régénération de cette jeunesse de déshérités serait une œuvre digne des plus courageux et des plus dévoués d'entre ces hommes, et le gouvernement comme les départements seraient trop intéressés à ne pas protéger leur entreprise pour ne pas les aider d'un concours puissant. Toutes ces réformes que nous exposons s'enchaînent les unes les autres, aussi viennent-elles en quelque sorte se ranger d'elles-mêmes sous notre plume: nous les signalons comme elles nous viennent à l'esprit, nous ne recourons pas à la solennité de mystiques formules synodales pour les exposer, nous les indiquons comme elles se présentent: simplement. Adopter toutes ces réformes, toutes ces institutions, toutes ces créations, ce n'est point bouleverser l'économie de l'organisation actuelle, c'est l'équilibrer, il n'est point trop tard, mais il ne faudrait pas tarder.

Faut-il donc attendre qu'on hisse le pavillon de détresse, pour qu'on se décide à porter un secours peut-être trop tardif, alors qu'aujourd'hui l'application du remède serait si simple. Faut-il attendre que l'athlète expire pour mettre fin à la lutte? Il faut que le système ait vécu, et au lieu de donner à sa fin les proportions d'imposantes funérailles, considérons cette fin comme la fin de rien, puisque rien n'en est sorti; nous sommes donc dispensé d'engager des pleureuses, et sans risquer d'être taxé de cruauté, nous sommes autorisé à ne point nous préoccuper des obsèques.

Nous n'avons donc à prendre souci ni des créations, ni des suppressions, les dernières ne sont que trop justifiées par le passé, les premières le seront par l'avenir.

N'hésitons pas à mettre la main à l'œuvre, travaillons pour demain si nous ne voulons pas être jugés par l'histoire comme des égoïstes ou des ignorants.

Prenons donc exemple sur le plus modeste constructeur, attend-il le premier bail avant d'édifier la maison?

Lorsque l'on ambitionne la fortune d'une belle moisson il faut ensemencer, ce sont là des vérités qu'aurait sûrement dédaignées le seigneur de la Palisse.

TITRE CINQUIÈME

COLONISATION

Art. 38. — Il sera contracté par les soins du gouvernement, un emprunt national de trois cents millions, dont le montant sera appliqué aux grands travaux publics et à la colonisation, à la défense des frontières et des côtes, à la construction des routes, de barrages, de phares et à l'achèvement des ports, au reboisement, à l'immigration.

Art. 39. — Toutes les terres du domaine de l'État seront livrées à l'exploitation privée par voie d'aliénation, au moyen des ventes publiques.

Art. 40. — Ces terres seront divisées en plusieurs catégories, suivant leur qualité, leur situation, et leur nature.

Art. 41. — La vente des lots devra avoir lieu à bureaux ouverts.

Art. 42. — A cet effet un bureau sera créé dans chaque chef-lieu de canton.

Art. 43. — Les prix et conditions de vente seront fixés eu égard à la catégorie des lots.

Art. 44. — Dans les deux années qui suivront la promulgation de la présente loi, les plans de tous les lots disponibles devront être déposés dans les bureaux de vente desquels les lots dépendront.

Art. 45. — L'importance de la vente consentie par l'État aux particuliers sera l'objet d'une mesure ultérieure, cette importance aura pour base le nombre des membres composant la famille de l'acquéreur.

Art. 46. — Toutes cessions immobilières consenties par l'État à des particuliers seront résiliées de plein droit si à la promulgation des présentes les conditions auxquelles elles ont été consenties n'avaient pas été remplies par les bénéficiaires.

Art. 47. — Ces résiliations ne pourront être prononcées qu'en tenant compte aux particuliers dépossédés des débours opérés et des intérèts des dits débours.

Art. 48. — La Banque de l'Algérie sera tenue de créer des succursales dans tous les chefs-lieux de département et d'arrondissement.

Art. 49. — Le choix des emplacements pour les nouveaux centres européens sera confié à une commission spéciale.

Art. 50. — Toutefois, un centre français pouvant être seul érigé en chef-lieu de canton, il y aura nécessité d'assigner à cet effet un emplacement à proximité de chaque groupe de communes arabes dont il est ci-après fait mention.

Art. 51. — Des Banques agricoles seront autorisées dans chaque chef-lieu de département et d'arrondissement.

Art. 52. — L'État se réserve le droit de retirer le privi-

lége accordé aux inventeurs des mines qui n'auraient point
fait de travaux d'exploitation.

ART. **53**. — Une indemnité sera due à ces derniers.

TITRE SIXIÈME.

DISPOSITIONS SPÉCIALES.

ART. **54**. — Les tribus seront érigées en communes.

ART. **55**. — Les douars formeront des communes annexes.

ART. **56**. — Les fonctions d'Agha, de Caïd, de Cheick
sont supprimées, et généralement tous les autres emplois
qui donnaient avant les présentes droit à une autorité quelconque sur la population arabe. Sont seuls exceptés, les titres
religieux.

ART. **57**. — Les groupes de communes arabes seront com-
pris dans un canton dont le chef-lieu sera toujours un centre
français, et provisoirement le centre français le plus rapproché.

ART. **58**. — Les fonctions de maire, d'adjoint et de membre du Corps municipal des centres arabes seront, pendant
un temps déterminé, laissées à la nomination du gouvernement.

ART. **59**. — L'État pourra confier de préférence ces fonctions aux anciens dignitaires arabes.

ART. **60**. — Dans les tribus sises en Kabylie, l'élection du

Corps municipal, le maire excepté, pourra être accordée si la demande en était faite par les intéressés.

Art. 61. — Dans le cas visé par l'article précédent, le choix des élus resterait toujours à l'approbation de l'autorité.

Art. 62. — Il devra être procédé, dans l'année qui suivra la promulgation des présentes, à la constitution de la propriété individuelle dans toutes les tribus et fractions de tribus.

Art. 63. — Des dispositions spéciales arrêtées par une loi mettront l'inexpérience des propriétaires à l'abri de toute tentative de spéculation.

Art. 64. — Dans chaque tribu sera créée une école de garçons, la direction en sera confiée à des instituteurs de 1re, 2e et 3e classe.

Art. 65. — Les candidats devront avoir, de la langue arabe, des connaissances égales à celles exigées des traducteurs assermentés et des interprètes.

Art. 66. — Les interprètes militaires qui voudront concourir conserveront, à titre d'indemnité, et ce pendant cinq années, les appointements de leurs anciennes fonctions, et ce indépendamment des émoluments attachés à leur fonction nouvelle instituée sous la dénomination de directeur d'école mixte.

Art. 67. — Le programme de l'instruction des écoles de jeunes garçons arabes sera arrêté par les soins de l'Université.

Art. 68. — Les Arabes seront soumis aux déclarations de l'état civil.

Art. 69. — Les directeurs d'écoles mixtes seront chargés

de l'exécution de l'article précédent en qualité d'officier délégué à l'état civil.

ART. 70. — Les Arabes naturalisés ayant satisfait aux examens imposés aux instituteurs primaires français pourront concourir à l'emploi de directeur d'école mixte.

Nous demandons un emprunt national dont le capital aura en quelque sorte un privilége sur le pays.

La confiance sans limite dont la France jouit sur tous les marchés financiers du monde, le triomphe sans précédent de l'emprunt fait au lendemain de nos désastres, nous dispense de discuter la facilité d'application de cette idée, qui en elle-même est réalisable.

Il ne s'agit donc que d'obtenir l'assentiment de l'Assemblée nationale.

Après avoir autorisé et couvert de sa protection tant d'opérations financières qui ne la touchaient en rien, la France se marchanderait-elle à elle-même un concours dont les résultats nous donneraient douze départements prospères.

C'est avec les immenses ressources d'un vaste crédit, qu'on pourrait alors procéder aux grands travaux dont nous ne tarderions pas à recueillir les fruits.

Des hommes dévoués à l'Agérie ont assez dit quelle était l'importance des constructions de voies ferrées, de routes, de barrages, de ports, pour que nous ajoutions un mot à leurs savants exposés; du reste, l'indispensabilité de ces travaux ne ressort-elle pas de la nature des travaux mêmes. Nous avons nous-

même donné notre sentiment sur l'urgence des travaux de défense pour y revenir.

Nous avons demandé aussi la vente des terres ; puisque l'on nous parle si souvent de colonisation étran-
gère, prenons donc ce qu'elle a de bon, ce qu'elle a de
facilement applicable ; la vente des terres compte dans
les bonnes mesures du système étranger, aussi ne
craignons-nous pas de l'emprunter.

Il y a une vieille idée, émise il y a de nombreuses
années déjà, et qu'il n'est peut-être pas hors de propos de rappeler. Cette idée consistait dans un projet
ayant pour but d'obliger chacun des départements de
la France continentale à créer un centre en Algérie,
à en faire les frais d'installation. Ne pourrait-on pas
reprendre cette idée en la modifiant et en obligeant,
par exemple, chaque département à concourir à la
création d'un canton, et à acquérir une contenance
suffisante de terrain, une quantité déterminée de
lots, tout en restant soumis aux conditions générales
faites aux particuliers.

Nous avons pensé qu'il était équitable d'établir
plusieurs catégories de terrain, en les divisant par
nature et par situation. En classant les terres en friche,
les terres défrichées, les terrains boisés, les lots
placés à une plus ou moins grande distance des
centres existants et des centres importants, les lots
situés sur des versants, en plaine, ou dans des bas-
fonds ; nous voulons, par cette division, imprimer un
caractère de haute loyauté à ces aliénations, et offrir
la certitude d'une égalité absolue de l'acheteur devant
le vendeur.

Nous fixons aussi un maximum limité à la contenance des lots, afin d'éviter toutes tentatives, qui

n'ont en vue qu'une spéculation nuisible à l'essor de la colonisation et d'empêcher surtout le monopole.

Nous insistons pour qu'un centre français soit créé dans chaque groupe de communes arabes ; sans cette précaution, notre organisation n'aurait pas de raison d'être et manquerait son but. Ce centre, appelé à devenir le chef-lieu de canton des agglomérations communales arabes, sera le trait d'union entre l'élément indigène et la population française, et cela dans toute l'acception du mot.

Nous ne croyons pas commettre un abus de pouvoir en signalant la résiliation des traités dont les conditions n'auraient pas été observées par les bénéficiaires. Ces traités ont été consentis par l'État en vue d'un intérêt général, et il ne faut pas qu'il soit porté atteinte à l'intérêt général dans le seul but de favoriser un intérêt privé.

Nous avons toutefois égard à la situation des intéressés, en demandant qu'une indemnité leur soit allouée à l'effet de les couvrir de tous les débours dûment établis et même des intérêts de ces débours.

Une question de la plus haute gravité est sans contredit la création de nombreuses succursales de la Banque ; il est temps, pensons-nous, de mettre fin à cette féodalité de la finance qui tient le commerce algérien dans un véritable vasselage.

Les priviléges, quels qu'ils soient, sont aussi révoltants pour le bon sens qu'ils sont choquants pour l'équité, et si l'Etat nous place forcément dans la nécessité de subir cette inégalité dans la répartition des droits qui devraient appartenir à chacun, et si l'Etat concède un semblable monopole, ces avantages doi-

vent ce nous semble être tempérés par des obligations offrant à la société une compensation aux avantages dont elle est dépouillée.

Un privilége, même sous conditions onéreuses, est
de son essence foncièrement injuste; mais un privilége qui arme les privilégiés contre l'intérêt général,
qui leur permet de faire d'une institution de crédit
un instrument de discrédit, est une monstruosité.

La Banque créée en vue de servir les intérêts de
l'Algérie est l'objet des récriminations de l'Algérie
entière, et il n'y a pas d'indiscrétion à dire le secret
de cette réprobation.

L'honorable compagnie a fait de son institution une
petite communauté infranchissable, au frontispice de
laquelle il n'y aurait que le mot *arbitraire* à graver pour
traduire son évangile. Hors de l'Eglise point de salut
est une devise que la maison met fort dévotement à
profit, car cette véritable Eglise, desservie avec un
culte jaloux, par de farouches disciples, est armée de
toutes les foudres contre les profanes. L'exclusion
systématique est une règle qui fait article de foi. Il a
été donné souvent au commerce d'assister au spectacle original d'un négociant solvable obligé, pour réa-
liser ses valeurs, de faire passer sa signature sous les
fourches caudines d'un des favorisés de la Bánque,
dont l'actif réel eût subi difficilement la comparaison
avec celui du négociant dont le papier se voyait im-
pitoyablement refuser les faveurs de l'escompte par
l'aréopage.

Si l'Etat fait de la circulation fiduciaire un monopole, c'est toujours en s'appuyant sur la raison que
le monopole des grandes institutions facilite leur
fonctionnement, et c'est surtout avec les grands mots

de prospérité publique, d'intérêt général que se ponctuent ces priviléges.

On a pu juger de quelle façon le seul établissement financier de l'Algérie a su répondre aux vues qui ont inspiré les lettres-patentes qui lui ont été octroyées.

Nous connaissons un chef-lieu d'arrondissement, port de mer, tête de ligne, dont les opérations d'escompte s'élèvent annuellement à 15 millions de francs environ et qui est en instance depuis des années pour la création d'une succursale sans avoir jamais pu gagner les bonnes grâces des amés et féaux conseillers de la Banque de l'Algérie.

Quels sont les puissants intérêts particuliers qui se dissimulent derrière de pareils agissements.

Il se passe en ce moment un fait plus étrange encore! Un projet de création d'une nouvelle succursale donnait à juste titre quelques espérances à cette cité, que l'importance notoire de son mouvement commercial désignait naturellement au premier rang.

Nous croira-t-on? C'est à une ville d'importance commerciale bien moindre que les dispensateurs se proposent d'accorder leurs préférences. Et les motifs de cet arrêt s'appuient sur ce que le port de mer dont nous parlons est kilométriquement plus rapproché, que la ville opposée comme rivale, d'une banque déjà existante!

Nous ne sommes point, pour notre compte, surpris de l'emploi de semblables arguments, il en sera ainsi tant que l'Algérie restera livrée au régime du bon plaisir, tant que les petites influences, véritables vers rongeurs, auront le pas sur la loi.

Voici pourquoi nous demandons que non-seulement la création de succursales nombreuses soit laissée à

une appréciation indépendante, et voici pourquoi
aussi nous demandons qu'à coté de cette institution
ancienne, soit fondée l'institution non moins utile
du crédit agricole dont l'Algérie attend l'indispensable
concours.

Cette multiplicité de comptoirs amènera la fin d'abus
criants, en même temps que l'égalité de la solvabilité
devant le guichet de l'escompte.

Nous avons à dire quelques mots sur les nouveaux
centres, pourtant nous ne croyons pas qu'il soit
nécessaire d'entrer dans des développements au sujet
du choix des emplacements, que nous entendons confier à une commission spéciale; c'est toujours la
même pensée du respect des intérêts généraux qui
nous guide dans cette mesure.

Il en est ainsi pour ce qui touche le retrait du
privilége d'exploitation des gisements métallurgiques
dont l'industrie pourrait tirer un si grand parti et qui
se trouve dans un abandon absolu, au détriment du
pays, et cela parce que les détenteurs, sans aucun
souci ou sans aucune possibilité de l'exploitation,
n'ont en vue que la cession de leur brevet !

C'est par l'organisation de la commune en pays
arabe que nous arriverons à faire franchir un grand
pas à l'assimilation individuelle; c'est cette conviction qui nous dicte cette mesure comme essentielle.

La participation à la vie communale, a dit un célè-
bre économiste, est à la vie politique ce que l'école
primaire est à l'enseignement supérieur.

Nous ne visons pas si haut, et sans vouloir initier
d'un coup la race musulmane à la vie politique, dont
les hauteurs sont déjà si difficiles aux peuples les plus
policés, nous pouvons avancer sans crainte qu'en les

faisant participer à la vie communale, c'est déjà leur faire épeler le livre des droits primordiaux de la vie sociale dans lequel nous tenons à les faire lire.

L'homme, écrivait nn illustre criminaliste, ne passe pas d'un état à un autre, d'un ordre de sentiments et d'idées à un ordre plus élevé, sans traîner avec lui les débris du système dont il est parvenu à se dégager.

Brisons donc le système afin qu'il n'ait plus qu'à en traîner les débris, ce sera déjà quelque chose dont l'avenir nous tiendra compte. Notre œuvre est une œuvre de conciliation et de progrès, c'est pourquoi nous avons résolu de ne point heurter trop brutalement de vieilles habitudes d'obéissance de l'Arabe et en investissant de préférence les anciens chefs arabes des fonctions de magistrat municipal, nous maintenons les premiers dans le respect d'une autorité supérieure, et nous offrons aux seconds une compensation à la suppression de leurs titres. C'est là la seule application immédiate possible de notre système, il serait bien prématuré de songer avant quelques années au mode électif; le choix des conseillers municipaux appartiendra également à l'autorité et pourra se reporter sur les hommes les plus considérés de la tribu.

Si nous faisons une exception en faveur des Kabyles, dans la formation du corps municipal, c'est toujours en vue de concilier les exigences de notre autorité avec les coutumes des peuplades sur lesquelles nous sommes appelés à l'exercer.

Les tribus kabyles choisissent généralement leur chef; en nous réservant cette attribution, nous pouvons leur accorder facultativement le droit de désigner les conseillers, dont la nomination resterait toujours soumise à l'approbation définitive de l'autorité.

Quoique se défendant d'elle-même nous ne pouvons passer silencieux devant la question touchant la suppression de l'état d'indivision.

La constitution de la propriété, quoi qu'en aient dit quelques-uns de ses rares adversaires, a été accueillie par les indigènes comme un véritable bienfait et, loin d'y voir l'arbitraire qui faisait pousser tant de clameurs aux puritains, les Arabes n'y voyaient qu'un acte de haute justice.

L'amour de la possession a-t-il besoin de se démontrer, n'est-ce pas là un sentiment commun à tous les hommes? Il nous a cependant été donné, à notre profonde stupéfaction, d'entendre des voix s'élever au nom de la justice contre ce décret, qui fait du serf un propriétaire indépendant.

Un des plus zélés défenseurs des bureaux arabes, a poussé l'exagération jusqu'à montrer le cantonnement comme le précurseur de tous les malheurs qui allaient fondre sur l'Algérie. Il appuyait ses sinistres prophéties d'une description des plus émouvantes et des plus mouvementées. Déjà les indigènes, se croyant menacés dans la possession des terres qu'ils avaient améliorées, s'arrêtaient découragés, d'autres s'organisaient en une formidable caravane, pour aller vivre en Orient ou dans la régence de Tunis!!...

Il faut en réalité avoir une estime bien limitée pour ses lecteurs, ou les juger bien ignorants pour oser se jouer ainsi de la vérité. Qui ne sait que l'arbitraire du régime Turc, que la spoliation n'existent que dans le maintien de l'indivision! Cette propriété indivise, que de fervents adeptes du vieux système présentent comme faisant le bonheur et la joie du peuple arabe, est moins que platonique; elle ressemble, avec certains avantages en moins, aux droits de propriété de chaque citoyen sur les biens nationaux.

Voyez-vous un des 36 millions de Français se di·sant sérieusement co-propriétaire du Palais-Royal ou du Louvre. Encore, celui-ci, peut-il parcourir les salles et les cours de nos monuments publics, tandis que l'Arabe n'a qu'un droit, c'est celui de s'épuiser sur *sa terre,* de ne rien objecter devant l'obligation de s'exténuer au travail en vue d'une moisson dont le plus clair entre dans les silos du chef. Et l'Arabe, devant l'indépendance de l'agriculteur européen, comprend si bien la misérable situation qui lui est faite que, dans son amour de la terre indivise, véritable terre dont le caïd en seigneur absolu perçoit tous les revenus, il ne se résigne à travailler *sa propriété* que devant la menace du bâton !

Qu'il se courbe sur le sol, ou qu'il s'étende au fond de son gourbi, le résultat est le même pour lui; la récolte faite, il reste Gros-Jean comme devant. Il nous revient à l'esprit un incident qui donnera une idée des joies de nos malheureux vaincus. C'était à l'occasion d'une délimitation de concession forestière, un commandant du cercle, depuis officier général, venait d'être accueilli avec toutes les démonstrations d'un peuple en liesse. La diffa était fumante, c'était un holocauste de bœufs et de moutons offerts généreusement par le caïd, c'est toujours la tribu qui paye. Les Arabes venaient de se grouper autour du chef militaire, les uns debout, les autres accroupis écoutaient la harangue qui les félicitait de leur fidélité à la France, en les assurant que la prospérité dont ils jouissaient n'était rien près de celle qui les attendait, lors-

que tout à coup une vieille femme couverte de hail-
lons sordides se faisant une trouée à travers les burnous, s'avança vers l'officier, et jetant à ses pieds quelque chose d'informe et de noirâtre ressemblant à un
morceau de boue séchée au soleil : « Tiens, s'écria-
» t-elle avec une expression saisissante, voici le pain
» que nous donne ton gouvernement; nos chiens n'en
» veulent pas! »

Les européens présents furent frappés de l'attitude
altière et de l'accent indéfinissable de cette malheureuse en loques, ils sentaient ce qu'il avait fallu de
misère et d'horribles privations pour inspirer une
telle démarche. Et l'on ne craint pas de dépeindre
sous les couleurs les plus séduisantes les félicités du
peuple arabe dans son organisation actuelle!

Il faut un triste courage pour avancer de telles
énormités, nous n'hésitons pas à dire que leur condition est plus misérable que celle des colons du Bas-
Empire. Ailleurs nous avons lu que c'était une grosse
erreur que de vouloir déshabituer les Arabes de la vie
du gourbi. Le gourbi, sous lequel ils trouvent toutes
les maladies, leur est, dit-on, bien plus avantageux
qu'une construction en maçonnerie, qu'une saine
habitation.

Le gourbi se déplace, leur genre de culture ambu-
latoire nécessite une demeure mobile.

C'est justement parce que l'Arabe cultive partout,
qu'il n'améliore le sol nulle part, et cela lui est absolument indifférent, par les raisons que nous avons
dites. Mais qu'on essaie d'en faire un propriétaire,
qu'on le laisse maître chez lui, qu'il lui soit permis
de connaître enfin le chiffre de ses impôts, qu'on le
soumette à des contributions, dont la perception se

fera régulièrement et non dans les pans d'un burnous d'investiture, et l'expérience prouvera bien vite que l'Arabe, nomade par nécessité, deviendra sédentaire par goût autant que par intérêt. Est-ce que nos paysans demandent à retourner à la glèbe?

Quant à ce danger de l'inexpérience des Arabes devant l'esprit de spéculation qui ne manquerait pas de se déchaîner sur les nouveaux propriétaires, qu'on ne s'en effraie pas à l'excès, les législateurs trouveront aisément à le conjurer.

Un simple article mettant pendant dix années la propriété à l'abri de toute inscription hypothécaire et de toute expropriation judiciaire, et les défenseurs des Arabes, malgré les Arabes, n'auront plus aucun sujet d'inquiétude.

Il nous reste encore à parler de deux questions importantes, l'école à fonder dans chaque centre arabe et la constitution de l'état civil.

Nous avons dit déjà quelles étaient les espérances que nous attachions à la création de ces écoles, ce sera l'instrument civilisateur, par excellence, de la nouvelle génération; cette mission que nous considérons comme une des plus élevées sera notre tâche la plus noble.

Le choix des directeurs d'écoles, les avantages que nous voudrions leur voir accorder, témoignent assez haut de l'importance que nous entendons attacher à ces fonctions.

Personne, pensons-nous, dans cette guerre de la déraison contre la logique, ne viendra contester l'utilité de l'état civil chez les Arabes.

La confusion provenant de l'identité des noms provoque des difficultés de toute nature.

Est-ce un simple témoin que la justice appelle?
C'est à vingt Ahmeds qu'il faudra s'adresser avant
d'avoir trouvé le vrai, et encore bien souvent l'individu est insaisissable. C'est là un des petits côtés des
inconvénients et on conçoit quels troubles produi-
sent les difficultés d'un pareil état de chose, lorsqu'il
faut découvrir un héritier, un parent, un débiteur.

TITRE SEPTIÈME

LOIS D'EXCEPTION

ART. 71. — Les jeunes gens nés en Algérie et ceux qui à
l'époque du tirage au sort auront trois années de séjour en
Algérie seront exonérés du service militaire.

ART. 72. — Il sera formé des bataillons de milice mobile
dans chaque chef-lieu de département et d'arrondissement;
des compagnies de la même arme dans les chefs-lieux de
canton et de commune.

ART. 73. — Les jeunes gens exonérés du service militaire
seront appelés à former l'effectif de la milice mobile.

ART. 74. — Les jeunes gens inscrits sur les rôles des bataillons et des compagnies mobiles seront tenus, pendant les
deux premières années de leur inscription, à une prise d'ar-
mes hebdomadaire et à de grandes manœuvres qui auront
lieu au chef-lieu du département en une ou deux fois, mais
qui ne devront pas durer en totalité plus de quinze jours
chaque année, les étapes comprises,

Art. 75. — Les indigènes seront soumis aux mêmes obligations, ils seront, pendant la première année seulement, placés dans les rangs des volontaires d'un an, et prendront ensuite rang dans les bataillons de la milice mobile.

Art. 76. — Les jeunes gens exonérés du service militaire, ainsi que les jeunes gens ayant dépassé l'âge du tirage au sort seront soumis jusqu'à l'âge de trente ans à leur inscription sur les rôles de la milice mobile.

La faveur de l'exonération du service militaire, que nous demandons pour les jeunes gens nés en Algérie et ceux pouvant justifier d'un séjour de trois années au moment de leur tirage au sort, est un juste encouragement à l'immigration.

L'Etat et l'Algérie y trouveront leur compte. Les jeunes gens inscrits sur les rôles de la milice mobile sont appelés à rendre d'utiles services, ils peuvent suppléer, à l'occasion, au défaut de garnison, à l'absence des troupes et seront en ce cas astreints au service de place. En d'autres circonstances ils seront d'utiles auxiliaires pour l'armée avec laquelle ils pourront faire campagne. L'instruction militaire à laquelle ils seront obligés, les deux premières années de leur inscription, les formera d'une façon assez satisfaisante pour en faire de bons soldats; l'expérience a démontré le parti qu'on pouvait tirer de la jeunesse algérienne.

Un proverbe dit que l'Arabe naît cavalier. On pourrait en ajouter un second : l'Algérien naît soldat. Nous avons établi une distinction pour les israëlites algériens; il ne faut voir dans cette mesure que le désir de vaincre certaines difficultés qui n'auront, nous l'espérons, qu'un temps.

En mêlant les indigènes aux volontaires arrivant de France, nous trouvons à cette disposition un double avantage.

Du côté des volontaires aucune de ces préventions, aussi fâcheuses que regrettables, basées sur des préjugés dont les israélites français ont su bien vite avoir raison, par un patriotisme que personne ne songe aujourd'hui à leur contester.

Du côté des indigènes, plus de confiance, moins d'embarras, plus de liberté d'eux-mêmes dans les rangs des jeunes volontaires, chez lesquels ils sont sûrs de l'absence de ces préventions.

Les répugnances que quelques-uns d'entre eux éprouvent à endosser l'uniforme devant ceux qui les auront vus la veille vêtus du costume oriental, n'auront plus aucune raison d'être avec des jeunes gens nouvellement débarqués et près desquels ils se sentiront plus à l'aise.

Ils se formeront rapidement, ayant hâte de reparaître instruits dans les rangs de leurs concitoyens, et nous y gagnerons des défenseurs soumis et dévoués dont nous espérons pouvoir un jour mettre à l'épreuve le dévouement et le patriotisme.

Notre tâche n'est pas terminée, mais nous tenons à la limiter, nous aurions certainement bien d'autres mesures à signaler; la prorogation de l'impôt foncier, la franchise des ports, l'inamovibilité de la magistrature, la séparation du ministère de l'avoué d'avec le mandat officieux de l'avocat, la vénalité des charges, la nécessité du maintien du jury, de la représentation nationale augmentée en raison du nombre des départements, l'établissement de stations thermales rendues si faciles par la richesse de nos sources et l'efficacité de leurs eaux, l'encouragement aux grandes cultures, le reboisement ; mais nous n'avons pas la prétention d'épuiser une matière inépuisable, notre intention a été d'indiquer, par des données générales, de quelle façon il serait bon de procéder.

Nous savons bien que la forme législative que nous avons adoptée pour notre exposé trouvera quelques critiques. D'une part ceux qui, élevés dans le culte de l'infaillibilité officielle, se trouveront peut-être scandalisés à la lecture de textes n'émanant pas d'une assemblée solennelle et proposés par un simple particulier. D'autre part, les exclusifs auxquels nous accordons moins d'attention, et qu'on reconnaîtra à leur façon d'entendre la liberté.

Que les uns et les autres se rassurent, nous ne voulons point empiéter sur les prérogatives que confère un mandat législatif, nous n'avons pas la pensée de graver en forme de Loi notre opinion dans l'airain.

Nous avons dû nous soumettre à ce système d'exposé parce qu'il nous offrait le précieux avantage de renfermer notre pensée dans une courte formule, et tout au plus notre travail nous paraît-il à nous-même, un projet de projet de loi. Aussi nous considérerons-nous comme suffisamment récompensé, aussi considérerons-nous notre but comme largement atteint si au sacrifice que nous faisons bien volontiers de la lettre survit l'esprit.

Ce travail est bien imparfait, il est ce que peut être une œuvre tracée à la hâte pendant les rares *embel-*

lies que nous laissent des occupations et des préoccupations professionnelles.

Nous aimons trop notre pays pour souhaiter que les événements que nous redoutons viennent donner raison à nos prévisions. Nous savons que nous nous sommes chargé d'une mission ingrate; nous savons que l'homme qui réprime une petite émeute, à l'aide de gros coups de canons, a plus de titre à la gloire et à la reconnaissance des peuples, que l'obscur citoyen qui essaie d'empêcher, en les prévoyant, des troubles dommageables pour la société, la bêtise humaine le veut ainsi. Mais nous n'en avons pas moins obéi au sentiment qui nous a dicté notre entreprise.

Tout le monde connaît ce cliché, qui paraît invariablement dans les journaux illustrés, à chaque accident digne d'être légué à la postérité, sous forme de gravure. Qu'il s'agisse de l'éruption du Vésuve ou de l'explosion d'une chaudière, on peut être certain à l'avance de découvrir dans la perspective du dessin, un inévitable bonhomme qui dresse les bras en signe manifeste d'épouvante et de désolation; mais le malheur est consommé! Lèverait-il les bras jusques aux cieux qu'il ne changerait rien à l'événement. Eh bien! c'est à l'attitude de ce bonhomme que nous limitons notre rôle; à la seule différence que nous levons les bras avant la catastrophe. La politique coloniale n'ayant jamais existé en France qu'à l'état de mythe, nous avons tenté d'en présenter en quelque sorte l'exégèse, et, pour continuer à emprunter le langage du philosophe populaire, nous ajouterons que nous ne dogmatisons pas. Nous avons observé, nous avons comparé, nous décrivons. Nous n'avons pas la vanité de penser avoir tout dit sur cette grosse question de l'Algérie.

Sans prétendre que notre travail réponde à toutes les exigences de la méthode éclectique, personne ne contestera qu'il en a au moins le caractère et l'impartialité. Notre respect du droit nous aurait fait repousser tout autre système, comme il nous fait repousser ces coteries organisées en véritable conventualité avec toutes les vertus jalouses de la maison. Le voile qui a enveloppé longtemps ce vaste problème est déchiré, le verbe en apparaît éclatant et ne demande point de pénétration pour se laisser déchiffrer; nous avons tout simplement usé de cette facilité.

Nous traitons ce sujet froidement, nous ne cédons pas plus, en ce moment, au lyrisme et à la sentimentalité, que nous avons cédé, il y a quelque temps, au pessimisme, lorsque nous nous sommes écrié : Prenez garde ! Surveillez la régence ! Surveillez le Maroc ! Fortifiez l'Algérie en peuplant ses vastes espaces !

Nous avons tout à redouter du tour que prend la politique imprévoyante et emportée qui marque cette période confuse.

Déjà on a signalé la présence de Prussiens au Maroc ! Déjà la presse s'émeut de difficultés suscitées en Tunisie ! On reconnaît les mains qui ourdissent la trame; on nomme l'Allemagne, on nomme l'Italie : et pour achever ce riant tableau, on dénonce la présence d'émissaires prussiens à... Alger !

Et c'est notre aveuglement qui encourage et accroît cette prépotence funeste que tout le monde voit s'élever, pendant que notre diplomatie obéissant à de vieilles formules, sans chercher les causes, s'arrêtant à peine aux effets, croit déroger à ses aristocratiques coutumes lorsqu'elle descend, à de rares époques, des hauteurs immaculées de sa quiétude officielle.

Nous nous arrêtons là, nous ne voulons pas fermer notre livre sans rappeler l'idée qui a prédominé à notre travail, notre individualité n'a point assez d'autorité pour en traduire l'esprit par apophthegmes, mais convaincu que ce que nous avons avancé est dans la pensée de tous, nous croyons pouvoir soumettre sous forme aphoristique les vérités que l'opinion publique a bien ce nous semble quelque droit de livrer à la circulation.

.⁎. Le gouvernement général, c'est l'occupation militaire déguisée, et l'occupation militaire c'est l'abandon de l'idée colonisatrice.

.⁎. L'abandon de l'idée colonisatrice c'est l'abandon de la colonie.

.⁎. L'Algérie n'est plus seulement une question de colonisation, c'est une question de sécurité continentale.

.⁎. La colonisation, dans l'acception propre du mot, de question principale est devenue accessoire, la question principale c'est la défense contre l'avenir.

.⁎. L'Algérie est appelée à devenir un empire maritime.

.⁎. Il importe à la France de se garantir par l'Algérie.

Il ne faut voir, dans cette finale, qui affecte la forme sentencieuse, que l'unique moyen qui nous était laissé de rester fidèle à la détermination que nous avons prise de ne point nous écarter des proportions limitées de notre travail.

Notre œuvre d'aujourd'hui est achevée. Est-ce à dire que nous comptons sur le triomphe immédiat des idées que nous nous sommes efforcé de faire prévaloir? Est-ce à dire que nous sommes sûr de leur consécration? Nous savons très bien que nous avons à lutter et contre toutes les ignorances et contre toutes les insouciances.

Nous avons aussi devant nous quelques rares adversaires, prôneurs d'utopies, qui savent racheter le nombre par le bruit. Amants de toutes les libertés, à la poursuite d'une popularité malsaine, flattant grossièrement de détestables passions, ils sont reconnaissables à cet enthousiasme à froid qui est le propre des sentiments simulés. Le règne de ces néophytes, du tremplin politique, qui est un outrage à la raison, n'aura qu'un temps, il peut jeter quelque trouble dans le présent, mais ne saurait ébranler d'une ligne, la conviction qui fait la force d'une opinion sincère, et c'est avec une conviction ardente que nous inscrivons sur notre drapeau, ce mot de ralliement qui renferme toutes nos espérances, comme il répond à tous nos vœux : *L'Algérie libre dans la France libre!*